AF 338971

DERNIER TRAIT

DE LA CENSURE.

Bonus dormitat Homerus.

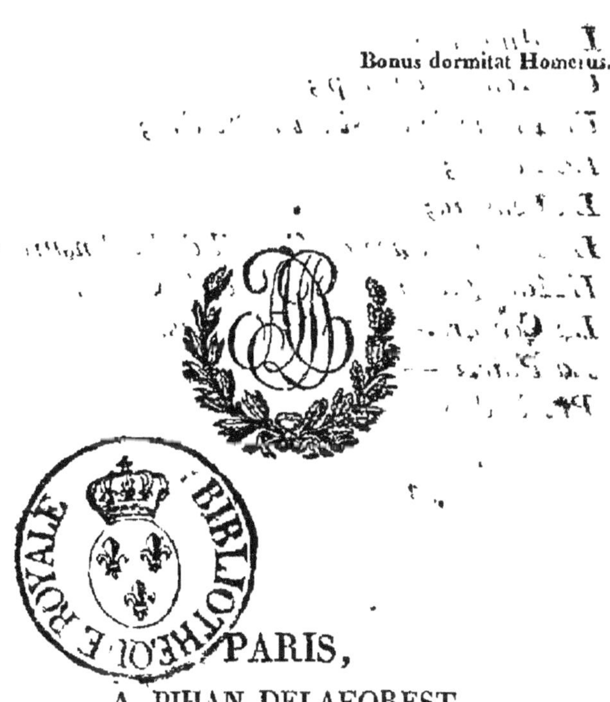

PARIS,

A. PIHAN DELAFOREST,

IMP. DE MONSIEUR LE DAUPHIN ET DE LA COUR DE CASSATION,
rue des Noyers, n° 37.

1827.

« Ce n'est pas du tout calomnier la censure que de croire que le mot seul de pairie excite en elle comme un accès d'hydrophobie (1). »

S'il faut porter foi à l'écho des lambris dorés, l'émoi fut grand parmi les membres du conseil, alors que s'étant mis l'esprit à la torture, ils eurent réussi à prendre une idée plus ou moins nette de la simple lettre ci-dessous.

Versailles, le 2 octobre 1827.

Monsieur le Président,

« A Dieu ne plaise que je me fusse porté à vous adresser quelque supplique, pour obtenir la publication des articles de *la Quotidienne* et des *Débats*, sur mes écrits relatifs à l'institution *de la pairie ;* mais quand la censure a osé retrancher de *la Quotidienne* ma réponse aux attaques évidemment dirigées contre moi, par la *Gazette de Lyon,* et soigneusement transcrites dans la *Gazette de France* du 27 septembre, je ne puis m'empêcher de vous en donner connaissance.

« Le conseil de surveillance de la censure aura à juger si les périls de l'Etat sont de telle nature, qu'il faille, en

---

(1) C'est aussi trop calomnier l'Espagne que de croire, que le mot seul de charte excite en elle comme un accès d'hydrophobie. (Moniteur, 7 septembre.)

(4)

dépit des vieux scrupules, conférer aux journaux officiels le privilège de calomnier impunément.

« J'ai l'honneur d'être, monsieur le Président, avec la plus haute considération, votre très humble et très obéissant serviteur,

« De La Gervaisais. »

« Comment, se disent entre eux les vénérables du conseil, il s'agit encore d'écrits sur la pairie !

« N'était-ce donc pas assez que nos frères lais du bureau, en un moment de distraction, eussent laissé passer, dans la *Quotidienne* du 4 septembre, un fragment de certaine brochure, sauf le retranchement de ces seuls mots : *Telle sera la pairie, pour peu que ceux qui ont intérêt à ce que cela ne soit pas, n'aient pas la puissance d'empêcher que cela soit ?*

« Eh quoi ! ne sommes-nous plus ces dictateurs suprêmes auxquels fut conféré le droit de vie et de mort sur les élans de l'ame, sur les bonds de l'esprit ? Ne valons-nous pas, entre neuf, le trio

.... Qui tient l'urne fatale,
Qu'un sort, dit-on, a mise en ses sévères mains,
Et qui juge aux enfers tous les pâles humains.

« Nous le savons trop. Demain peut-être va se donner la bataille des élections, fatal combat où doivent triompher les rangs les plus nombreux, fatal combat où le premier son de la trompette doit balayer le sol de nos vaines existences : ce sera la bataille de Pavie. Du moins, en mettant bas les armes, rendons-nous dignes de dire avec le roi chevalier : *Tout est perdu, fors l'honneur.* »

Ainsi fut dit, ainsi fut fait ; et quelque secrétaire de rencontre reçut l'ordre de rédiger, sous huitaine, la très curieuse épître, dont suit la copie figurée.

Paris, le 13 octobre 1827.

Monsieur, le Conseil de surveillance de la Censure a reçu la lettre que vous lui avez écrite et dans laquelle vous réclamez contre une décision du Bureau de Censure qui a refusé de laisser insérer dans la Quotidienne une réponse aux Gazettes de France et de Lyon que vous croyez vous avoir attaqué. Le Conseil se ferait un *devoir* d'intervenir dans cette affaire si vous aviez été effectivem¹. *nommé ou* désigné par ces deux journaux ; mais il n'a rien vu dans l'article dont vous vous plaignez qui vous fût personnellement applicable, et il me charge de vous dire qu'il n'a pas pensé qu'il y eût lieu dans cette occasion à une réponse de votre part (1).

Recevez, Monsieur, l'assurance de ma considération distinguée.

Le Pair de France, Ministre d'Etat
Président du Conseil de Surveillance de la Censure,

Le Vte DE BONALD.

Or, dans ladite réponse, il n'y a nullement à considérer le déni de justice ; car quel est le benêt qui ne s'y attendait pas ?

---

(1) Le mot *devoir* est surchargé en place du mot *plaisir* : Les mots : *nommé ou,* sont écrits de la main du signataire.

Seulement voyez comment un scrupule survenu au délicat président lui a suggéré d'ajouter en marge, que le plaignant n'avait pas été *nommé* dans les Gazettes, comme si ses griefs portaient sur ce point.

Voyez comment le conseil, qui se ferait un devoir ou un plaisir d'intervenir en toute autre occurrence, déclare avec autorité, *qu'il n'a rien vu* qui lui fût applicable, malgré que l'article ne pût être applicable à nul autre.

Voyez comment le conseil, exerçant ses hautes fonctions de tutelle sur l'intelligence humaine, donne charge de lui dire *qu'il n'a pas pensé* qu'il y eût lieu à une réponse de sa part; au moyen de quoi le plaignant est mis hors de cour, les frais à son compte.

Le conseil *n'a rien vu*, le conseil *n'a pas pensé;* en tout point, il est négatif. Cela prouve-t-il qu'il n'y avait rien à voir, rien à penser? Cette question, fort peu importante au fond, est résolue ce semble par la lettre adressée à la *Quotidienne*, et envoyée au président du conseil.

(*Voir à la fin.*)

« Mais quand c'eût été Jacques, s'écriait Turenne, fallait-il donc frapper si fort? »

Mais quand il n'y aurait pas eu lieu à une réponse, s'écrie le plaignant, fallait-il donc en prohiber l'insertion, sous peine de compromettre le salut du royaume et ravir au public la bonne fortune d'admirer cette fois la grandeur d'ame des membres du conseil.

De plus, puisque la lettre soigneusement chargée à la poste, avait été assez chanceuse pour percer jusqu'au sein du conseil, et puisqu'à ce moyen, il était venu à sa connaissance que maints et maints articles, les plus innocens du monde, avaient été immolés par les satellites de la censure, ne devait-il pas à cette occasion se faire rendre compte enfin des faits et méfaits du bureau subalterne, et réformant, amendant, jugeant à nouveau, autoriser la publication desdits articles, tous relatifs à la pairie, savoir :

17 juillet, annonce des *Débats*.
20 juillet, extrait de la *Quotidienne*.
21 juillet, extrait des *Débats*.
4 septembre, extrait des *Débats*.

Car, au jour peu lointain des justices, il ne sera plus loisible au conseil de surveillance d'arguer qu'il n'a rien vu, qu'il n'a pas pensé ; et s'il se traîne jusque là dans le bourbier de l'impénitence finale, il ne lui restera qu'à plaider l'un ou l'autre de ces moyens :

Soit en avançant que dans son esprit, lequel en ce cas serait fait à rebours de tout autre, la publication d'écrits dogmatiques sur la pairie paraissait rentrer dans les circonstances graves, et manifester l'insuffisance des mesures établies, dont il est parlé dans la loi de 1822 ;

Soit en affirmant qu'en sa conscience, laquelle, comme on sait, varie étrangement d'un homme à l'autre et même d'un jour à l'autre, une inondation de nouveaux pairs, suivant l'expression du marquis de Lally, un vrai déluge, semblait prescrit et requis, afin de mettre à flot l'arche tutélaire de l'État.

A défaut de quoi, et si ce n'était ni calcul de l'esprit, ni affaire de conscience, il s'en suivrait

(8)

qu'il y avait toute autre cause, inconcevable, in-compréhensible, au moins jusqu'à cette heure.

Béni soit le président du conseil, en ce que, craignant sans doute que l'opinion publique ne s'égarât en ses jugemens trop souvent téméraires, il a daigné prendre la tâche; non pas d'offrir quelques jalons à ses inquiètes investigations, mais bien d'imposer des barrières aux suppositions gratuites.

Déja il avait été inséré dans la *Gazette Officielle*, et transcrit par ordre dans tous les journaux, un certificat en due forme, concernant le point le plus délicat.

« L'auteur d'une brochure s'est permis de *publier* que les membres du conseil de surveillance de la censure recevaient un traitement; le fait est faux, et c'est la seule réponse que mérite cette imposture. » (*Gazette*, 26 août.)

Maintenant on peut lire la petite note tombée négligemment au bas de la page 44 du grand œuvre sur l'opposition dans le gouvernement.

« C'est ainsi que quelques pamphlétaires ont supposé que les membres du conseil de censure *étaient payés*, quoiqu'ils sachent le contraire, et que d'autres le répètent sans y croire davantage. »

Les membres du conseil ne sont pas payés, entendez-vous bien; c'est-à-dire que dans leurs mains prestement tendues et largement ouvertes, il n'est point compté tant et tant d'écus de bon aloi, soit en proportion du temps de labeur et des frais d'esprit, soit en raison de la dignité et de l'utilité des fonctions.

Il ferait beau voir qu'il y eût des gens assez

(9)

imbécilles pour être encore incrédules. Têtes
dures que vous êtes, pour vous donner le coup
de grace, il a fallu, quoi qu'il dût en coûter, lâcher
le grand mot. Vous saviez que les commis de bou-
tique et de bureau sont payés, et vous apprenez
que les membres du conseil ne sont pas payés,
cela fait une différence bien tranchée.

On ne peut le nier, l'expression est rude et
roide. Mais le président de l'autre conseil n'a-t-il
pas dit aussi à la tribune, qu'en travestissant les
séances de la Chambre, il était facile de la repré-
senter comme *une Chambre vendue*. (15 mars
1827.)

Des conseillers non payés, une Chambre non
vendue! voilà un nouvel argot. De nos temps,
Boileau, tout décontenancé, aurait à refaire son
fameux vers :

Le Français, dans les mots, brave l'honnêteté.

Au reste, qu'importent les mots? C'est la chose
qui nous tient à cœur ; et par l'induction la plus
légitime, il résulte de ces attestations réitérées,
que non-seulement en belles espèces, mais encore
en bonnes places, que non-seulement au comp-
tant, mais encore en promesses, les membres du
conseil ne sont pas payés. C. Q. F. D.

Dorénavant, honni soit qui mal y pense : cha-
cun doit prendre pour constant que la censure est
quelque peu au-dessus de la femme de César en
fait de soupçons.

Mais quelle est donc la cause suffisante de cette
prohibition générale, quant aux annonces ou

extraits des pamphlets, jadis à leur naissance, mis sous la garde des journaux, maintenant,

.... Pauvres petits infortunés!
Qui sont tous morts avant que d'être nés.

Peut - être quelques lumières seront-elles rencontrées dans l'espèce de manifeste que vient de lancer le président du conseil de la censure, sans doute au nom commun de ses partenaires.

D'abord, l'auteur renie ce caractère de moderne idéologue, qui, comme on sait, l'empêcha d'être admis au banquet de la munificence plus qu'impériale.

Puis, il n'a nullement dévié ni varié de principes, à ce qu'il dit, en passant de la tribune de l'opposition au trône de la surveillance.

En paroles, il n'y a pas moyen de donner des preuves plus signalées.

« Sans doute la société peut retirer de grands avantages de la presse non périodique, parce que les écrivains ont le temps de la réflexion. » (page 68.)

« La censure n'interdira aucune discussion, même politique, faite avec bonne foi, connaissance et modération. » (page 69.)

D'où il suit que le président du conseil n'a jamais apposé le sceau de l'anathême aux annonces ou extraits de brochures politiques, que dans l'amertume de son cœur, et peut-être à son corps défendant.

Que vouliez-vous qu'il fît contre huit?...

Mais il a dit fort bien en un autre lieu : « Comment les Chambres auraient-elles besoin des yeux de quelques écrivains pour voir, de leurs oreilles pour entendre, de leurs langues pour parler? Il faudrait qu'elles fussent aveugles, sourdes et muettes. (Citation de mémoire.)

Et l'auteur s'est fait chambre, à lui seul ; tellement que, dans la crainte de passer pour aveugle, sourd et muet, il répugne à se servir des yeux, des oreilles, de la langue de quelques écrivains. ,

« Je ne désavoue donc aucun des passages de mes écrits cités avec tant d'affectation, par MM. de Châteaubriand et Hyde de Neuville, *les seuls* dont j'aie *parcouru* les brochures qui en ont produit tant d'autres, et les seules auxquelles je répondrai pour la première et la dernière fois. » (Page 52, littéral.)

De fait, il y répond en telle façon, que, dans 160 pages de son ouvrage sur l'opposition et sur la liberté de la presse, le premier point occupe jusqu'à 4 pages et le second, environ 40 ; le surplus étant réparti dans la proportion de un à vingt entre M. Hyde de Neuville et M. de Châteaubriand.

D'ailleurs, « des passions descendues des hauteurs du rang et du génie, ont fait appel aux passions plébéiennes, ignorantes et aveugles. Déja l'on trouve des écrits contre la censure, ou plutôt contre les censeurs, à la Halle et sur les échopes, et l'on y lit des noms (et quels noms!), à côté des paniers d'herbes et de poissons. » (p. 29.)

Or n'étant de sa nature, ni herbivore, ni ichtyophage, ainsi qu'il appert, le fier président a peu d'occasions de fréquenter la Halle ; et, plutôt que d'aller faire le coup de poing avec les dames de l'endroit, il préfère se sevrer de la lecture de tant de doctes écrits.

« On serait même tenté de croire que l'innocent aura payé pour le coupable, et que les imprécations, injustes peut-être, contre la censure ou contre les censeurs, lui auront inspiré une aversion insurmontable, qui rejaillit sur les invocations les plus légitimes en faveur de la pairie, dont il parle cependant en termes si passionnés.

« La chambre des Pairs, en effet, n'est pas hors de la royauté pour la contredire ; elle est dans la royauté pour la défendre, ou plutôt elle est *royauté* elle-même. » (page 8.)

En sorte que le grand écrivain qui, ce semble, tourne quelque peu à l'idolâtrie, ou plutôt qui, à son insu, s'adore lui-même, tour à tour dans l'institution de la pairie dont il est un brillant ornement, et dans l'invention de la censure dont il est un aveugle instrument, n'a peut-être pas parcouru une seule des brochures sur la pairie et sur la censure.

Pauvre pairie ! devant ses autels, ainsi que devant ceux de l'autre royauté, l'épaisse fumée d'un encens stupide ou perfide s'élève incessamment, dérobant aux regards aveuglés, les travaux souterrains de la mine ouverte au pied de leurs antiques fondemens.

Car cette vérité capitale a été proclamée à la face du monde par une voix alors pleine d'autorité : que la liberté légale d'écrire est le symptôme essentiel du gouvernement représentatif, à peu près comme la fièvre est le symptôme d'un état inflammatoire.

D'où il suit, attendu qu'un symptôme essentiel ne

disparaît qu'avec la maladie ou avec le malade, que s'il n'y a plus de liberté d'écrire, il n'y a point de gouvernement représentatif : et comme si ce gouvernement n'existait plus, la pairie n'existerait pas, c'est un point démontré, que la censure, en annulant la liberté d'écrire, abolit la royale charte, anéantit la noble pairie.

Moyennant quoi, le pair de France, ministre d'État, président du conseil de surveillance de la censure, suivant qu'il a pris qualité au protocole de sa lettre, non sans délaisser jamais le titre de · ministre d'État, même à la charge d'être payé, doit opter incontinent entre la propriété du tiers pour cent qui lui est attribué dans le tutélaire ascendant de la chambre haute, et la jouissance du neuvième net et quitte, qui lui incombe, dans l'influence maligne de la censure.

Il faut transcrire le passage en entier, quand ce ne serait que pour mémoire.

Séance du 9 juillet 1821.

« La liberté légale d'écrire et de publier ses écrits n'est ni une propriété du génie, ni un droit de la nature, ni un bienfait de la loi; elle est le symptôme *essentiel* de cet état de société qu'on appelle gouvernement représentatif, à peu près comme la fièvre est le symptôme d'un état inflammatoire : les hommes ne la décrètent pas, la nature de ce gouvernement la produit; la société n'en jouit pas, elle en subit la nécessité.

« Cette liberté d'écrire est la guerre *inévitable* des deux pouvoirs royal et populaire qui constituent ce gouvernement. Elle naît avec lui, n'existe pas avant lui, et n'existerait pas après lui. Vous la voyez se prolonger en Angle-

terre; nous l'avons vue naître en France avec la consti-
tuante, et mourir sous le comité de salut public et sous
Buonaparte; nous la voyons commencer en Espagne, en
Portugal, et partout où une révolution vient placer les
doctrines populaires à côté des doctrines monarchiques.
Est-ce un bien?..... Est-ce un mal?..... *C'est une nécessité.* »   (*De l'Opposition*, page 141.)

APPENDIX.

(Gazette de France, du 27 septembre 1827.)

« Le mal n'est point dans la Charte ; il est dans l'acharnement de ceux qui veulent l'interpréter dans un sens impie et révolutionnaire, tandis que l'œuvre de Louis XVIII est éminemment religieuse et monarchique. Les destructeurs de la Charte ne sont pas les royalistes qui veulent que le trône de saint Louis et de Henri IV serve de bâse aux libertés publiques ; ce sont les modernes idéologues qui nient la suprématie de la religion catholique, qui rêvent un culte sans églises et sans prêtres, qui voudraient anéantir la noblesse ancienne et nouvelle, qui contestent à la couronne la faculté de nommer des pairs, qui prétendent transporter aux deux grands conseils nommés chambres, le droit de faire la paix et la guerre ; qui tendent sans cesse à républicaniser les élections et même la pairie ; qui réclament la nomination, par le peuple, des fonctionnaires publics, dont le choix appartient au Roi. Ceux-là, s'ils ne peuvent pas encore anéantir la Charte tout d'un coup, s'attachent à l'abolir en détail ; c'est d'une mort lente qu'ils ont entrepris de la faire périr. » (*Gazette de Lyon.*)

LETTRE A LA QUOTIDIENNE.

A Monsieur le Rédacteur de la Quotidienne.

Monsieur ,

« La *Gazette de France* renferme un article de la *Gazette de Lyon*, du 22 septembre, ainsi conçu :

« Le mal n'est pas dans la Charte ; il est dans l'acharnement de ceux qui veulent l'interpréter dans un sens impie et révolutionnaire.... Les destructeurs de la Charte ne sont pas les royalistes qui veulent que le trône serve de bâse aux libertés publiques ; ce sont les modernes idéo-logues... qui contestent à la couronne la faculté de nommer des pairs ; qui tendent sans cesse à républicaniser les élections, et même la pairie.... Ceux-là, s'ils ne peuvent pas encore anéantir la Charte, s'attachent à l'abolir en détail ; c'est d'une mort lente qu'ils ont entrepris de la faire périr. »

Or, comme je suis le seul qui ait traité le sujet de la pairie, comme votre journal est le seul qui ait parlé de mes écrits, quelle que soit notre modestie à cet égard, nous sommes forcé de reconnaître qu'il nous revient une large part dans l'anathême lancé contre les *modernes idéologues*, maintenant destructeurs de la Charte, qui, s'ils ne peuvent l'anéantir tout d'un coup, ont entrepris de la faire périr d'une mort lente, et naguère adversaires d'un certain personnage, dont la grande colère n'était que trop légitime, s'il est vrai que cette espèce soit capable de tant de noirceurs.

Souffrez donc que je vous prie, pour toute réponse à la *Gazette de Lyon*, de retracer les premières lignes du passage que contient *La Quotidienne* du 4 septembre.

« Deux pouvoirs seulement se retrouvent en tout temps, en tout lieu, et se montrent ainsi essentiels, inhérens à la société humaine : le pouvoir monarchique, le pouvoir aristocratique. »

Du reste, si vous mettez quelque prix à l'éclairer, à la ramener dans les droites voies, car elle est incontestablement de bonne foi et se laisse égarer par les emportemens d'un saint zèle, les moyens vous en sont offerts en consacrant un nouvel article à l'exposition de mes principes sur la pairie.

J'ai l'honneur de vous offrir, Monsieur, les assurances de ma considération très distinguée.　　　D. L. G.

Versailles, 27 septembre 1827.